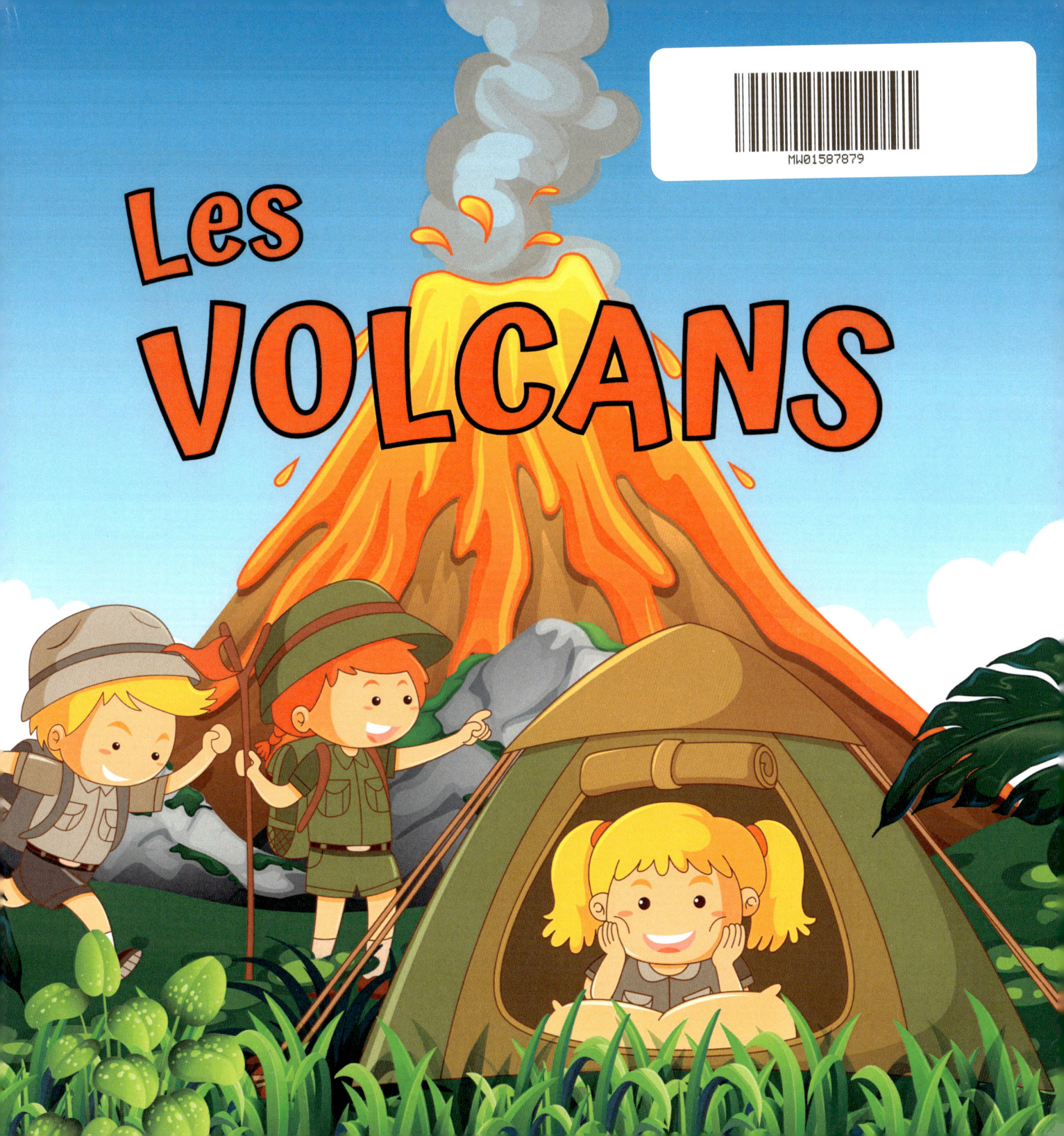

Copyright © 2022 Samuel John

All rights reserved. No part of this publication may be reproduced, distributed, or transmitted in any form or by any means, including photocopying, recording, or other electronic or mechanical methods, without the prior written permission of the publisher, except in the case of brief quotations embodied in critical reviews and certain other noncommercial uses permitted by copyright law.

ISBN: 9798427315272

Le mot "volcan" fait référence à Vulcain, le dieu romain du feu.

Un volcan est une ouverture dans la croûte terrestre par laquelle le magma est libéré.

# Qu'est-ce que le magma ?

C'est une roche fondue qui se trouve à l'intérieur de la Terre.

Lorsque le magma sort à la surface, on l'appelle lave.

Les volcans entrent en éruption en raison de l'augmentation de la pression due à l'échauffement du magma.

Les gaz et les roches chaudes sont expulsés vers l'extérieur.

Sa forme conique est due à l'accumulation de magma expulsé lors des éruptions précédentes.

En plus du magma, les volcans expulsent également des roches, des gaz et des cendres.

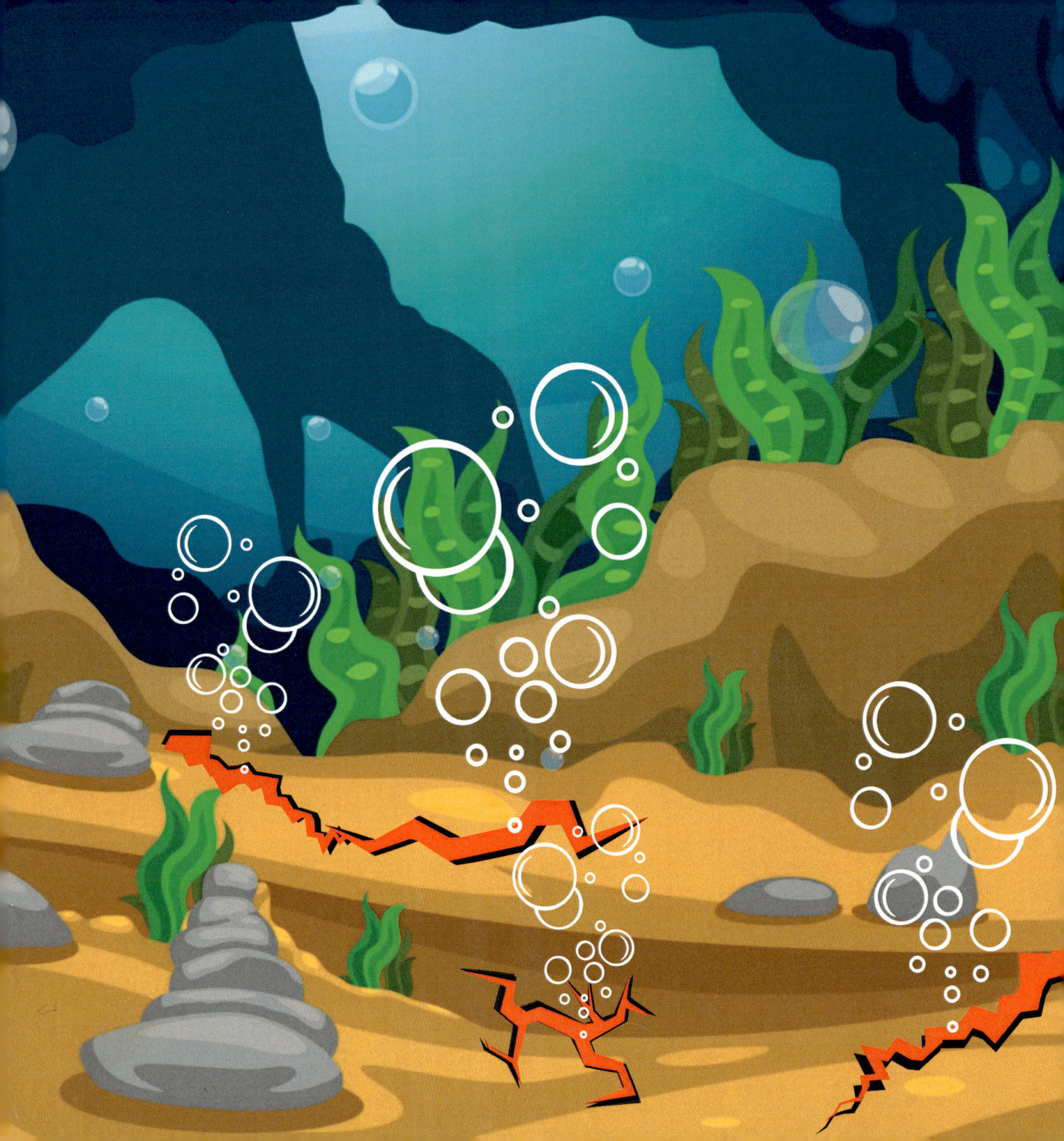

Certains volcans se trouvent au fond de la mer. On les trouve sous la forme de grandes fissures sous l'eau.

Lorsque des éruptions volcaniques se produisent au fond de l'océan, les laves accumulées peuvent former des îles volcaniques

Les volcans peuvent être très destructeurs, à cause des roches, des cendres, des laves et des gaz qu'ils expulsent.

Il y a environ 1500 volcans potentiellement actifs sur notre planète.

Le plus grand volcan de notre planète s'appelle Mauna Loa et se trouve à Hawaï.

Cratère

Cheminée

Chambre magmatique

## Parties du volcan :

**Chambre magmatique :** Où le magma est stocké avant d'être expulsé

**Cratère :** Trou par lequel sortent les laves, les cendres et les gaz.

**Cheminée :** Il relie la chambre magmatique au cratère. C'est là où le magma est expulsé.

Et là, ça se termine !

J'espère que vous l'avez aimé et appris de nouvelles choses.

A la prochaine !

Je tiens à vous demander une petite faveur pour que ce livre puisse toucher un plus grand nombre de personnes : attribuez-lui un avis sincère sur la plateforme où vous l'avez acheté.

Avec ce petit geste, vous m'aiderez à réaliser de nouveaux projets.

J'ai hâte de commencer à créer mon prochain livre pour vous !

À bientôt !

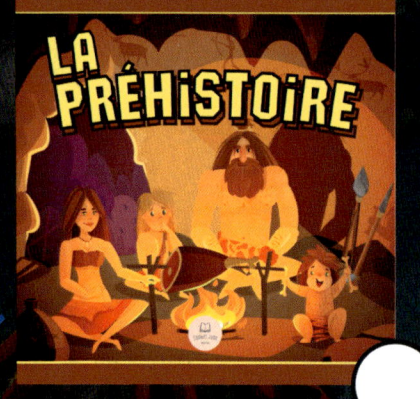

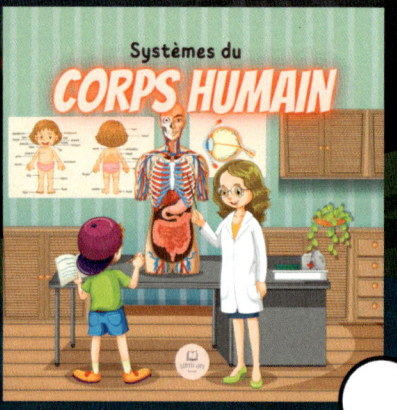

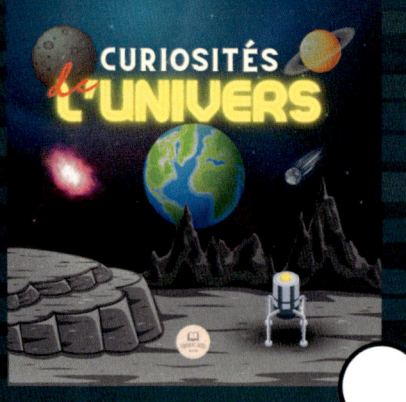

SCAN ME